The Integrity

SanU Rebecca Braverman

고개 드는 나

초판 발행: 2022년 6월 11일

지은이: SanU Rebecca Braverman

편집: Young Soon Kim

이메일: rebykim@icloud.com

펴낸곳: www.amazon.com

DEDICATION

삶에 한 획을 그리는데
모두가 함께 했습니다

사랑이 들어왔고
희망이 노래로 화답하며
격려의 두드림이 한발 두발 딛게 했습니다
반갑고 감사한 마음으로 오늘이 있음을 고백합니다

부족하지만 '고개 드는 나' 시집
올려 드립니다

고맙습니다

산유

CONTENTS

ACKNOWLEDGMENTS

고개를 들었습니다

내안의 내가

뚜벅 뚜벅

걸어 나왔습니다

산유

2022년 6월

1 장 그리움

가슴앓이

그대가 놓고 간 가을
낙엽 뒹구는 소리에
문 열어 봅니다

낙엽 붉어지는 색깔에
그대 마음 훔쳐 봅니다

바람 쫓아 세월 쫓아
햇빛은 구름에 가리어
하늘조차 볼 수 없는데

천 가지 만 가지 색깔로
휘몰아치는 가슴은
붉게 쌓입니다

그리움

그럴 줄 알았다 이게 처음 일이던가
우리 사랑 질시하던 회오리바람 천둥 비
나를 부수고 너를 훑는다

부러움을 한 몸에 담았던
덩달아 나까지 길 위에 몸을 내밀고
아름답게 우리를 피워냈던

앙상한 가지
뿌리 깊숙이 내리며
그리움 희망 되어

회오리 천둥 두 손 모으고
갇혀있던 해님 봄소식에

아, 그대가 피고 있다

환희의 낙엽

하늘 높이 쌓여있는 울긋불긋 색깔 위로

친구가 밟히고 내가 밟힌다

높은 음에 중간 음에 낮은 음에

사이 사이에 화음이 만들어진다

오늘을 얼마나 기다렸던가?

외로움에 지루함에 바람과 뒹굴던 우리에게

체리힐 노래하는 자들 한바탕 난리다

덩달아 우리가 신난다

싸각싸각 뽀드득 뽀드득

'환희의 송가' 목놓아 부르며

그동안 흘린 눈물 씻어낸다

베토벤 손에 든 갖가지 단풍잎으로

마지막 악장 마무리한다

환희의 낙엽이다

사랑의 시작

굳이
거리까지 나오지 않아도 되었다
멈추어 쓰다듬고 환호를 보내도
그냥 그 자리에 있어야 했다

위를 향해 뽐낼 수도 있으련만
설렘이 터짐이 밀치는 대로
붉게 샛노랗게 핏빛 되어
거리까지 바닥까지

잘라지고 밟히는 나
사랑의 시작이다

카나디언 거위

꺼억 꺼어억
물위와 하늘에서
주름 잡는 거위가족
하늘의 산들바람 들고 내려와
이웃 가족에게 선사한다

풋솜털에 싸인 아기거위
아직 날 수 없고 뀔 수 없어
엄마 아빠 그늘 아래 먹이 쪼기에 바쁘구나

우리 고향 카나다
산들바람 인사에 안부전하며
땅속 한 번 쪼고 하늘 보고
땅속 두 번 물속에 풍덩
이어지는 생각 모두 적셔본다.

때를 아는 꽃잎

발에 밟힌다
비 온 후 밟히는 축축한 꽃잎

즈려 밟고 가시라 했던가?
애써 피하려 하지만 피할 수 없다

하늘 향해 뽐내며
모든 것 향해 자신을 내주었는데

이제는 떠날 때라
비 바람과 함께 자신을 날린다
어데론 가 무심히 날아간다

때가 되었다

백설 머리

뭉실뭉실 김 오르는 백설기
머리에 이고 얼굴에 바르고
까치옷에 함박웃음
온 동네 발자국 만들며 누빈다

까만 칠 한 번 거울 한 번 보고
하얀 분칠 두 번 세 번 얼굴 매만지며
단장하며 웃음 날리며 덩실 덩실

저편에서 손짓하는 아낙네
백설머리 질끈 매고
온 세상 누비누나

뿌리의 기다림

떠나보낸 나의 자랑이 그립고 그리워
파랗게 새파랗게 덧칠된다

세월이 가면 잊혀진다고
뒤를 돌아보지 말라고
아니 조금 있으면 올 거라고

이곳 저곳에서 위로하는
갖가지 나는 것들의 노래소리
다람쥐, 토끼, 너구리까지
먹을 거 가져와 힘을 실어 주는구나

그래 내 뿌리가 뽑히지 않는 한
잎새도 언젠가 떨어지겠지만
이 자리에 이렇게
나의 자랑 찾아오리라

희망

놓아 버린다 포기가 눈치를 보며

때를 노린다

비우기로 한다

열어 놓기로 한다

주렁 주렁 연결된 끈을 놓아 버린다

너무 많은 걸로 꽉 차 있었다

포기와 놓아 버림

사촌인가?

아니다

놓아 버려야

희망이 들어오리라

공존

집콕하다 보니 숨어있던 다른 피조물 신났다

다람쥐 나무 위에 오르락 내리락

라쿤 할아비 고목나무 들어갔다 나왔다

산토끼 잔디밭에 손과 발로 쓱싹 쓱싹

타조가 왜 여기까지?

땅 따먹기 언제까지 하지?

생활 습관이 다르다고 라이프 스타일이 다르다고

유명세 매스컴 관심 없다고

하루하루 먹고 살면 된다고

이거면 만족하다고 입을 모으는 또 다른 피조물들

말하는 피조물 말할 수 없는 피조물

두발로 걷는 자와 네발로 뛰는 자

푸른하늘 같이 지붕 삼아 땅 따먹기 고만하고

우리 함께 살아가면 어떨까?

갈길 모르는 채

거리에 모두 나와 쌓였다
고목 할아버지 몸통 여린 가지들 영문 모르는 채
함께 있으니 마냥 좋다
우뚝 서 있는 옆 친구 눈 흘기네

자기는 움직일 수가 없다나?
직선으로만 가야 한다면서 불러들인 가지 친구들
육 피트 거리 유지하라 하며 결국에는 짤라내고 만다

재로 변해 어느 잔디밭에 있을지
아름다운 목각 인형이 되어
새로운 친구와 함께 있을지
젓가락으로 둔갑하여 계속 맛있는 거 먹게 될지

두런 두런 재잘 조잘 파안대소하는 이야기꾼들
갈 길 모르는 채 모두 밖에 나와 있다

보인다

다이아몬드 금 다 어데 놓고
구멍 뚫어진 수저냐고
밑바닥도 그럴듯했는데
왜 그 바닥 밑까지 내려갔냐고

고생이 무엇이지?

깊숙이 스며드는 햇빛
살랑거리는 미세한 깨우침
밟히며 뭉개지며 파랗고 누런 황량한 벌판

길이 만들어진다 우물이 파진다
물결치며 달려오는 풀꽃들의 향연

바다 냄새

바다 냄새 팔짝 팔딱 뛰는 생선

판장에 모두 모였다

아버지 손가락이 윗도리 옷 속에서

제법 바쁘다

머리에 수건 두르고 동아리 올린 우리 엄마

기다림에 기다림에 초조한 얼굴

몇 마리 생선 내 손에서 꿈틀

옥수수 고구마 파는 할머니

생선과 바꾸어 준다

그리워 그리워 고향 그리워

벤추라 비치 (Ventura Beach, CA) 라도 가 봐야겠다

고향 돈지

신작로

제기 차고 삔 치고

옷 갈아입고 술래 잡고

나무 타고 올라가

하늘의 별들과 이야기하고

둥근 달 가지 말라 애원하며

정신없이 오르락 내리락

방안 울타리에 가득 채워진 고구마

보리밥에 섞여지고 도시락에 섞여진다

아, 내일은 소풍가는 날

소시지 오뎅 김밥이다

운동화

이불장 안에 숨겨놓은 새하얀 운동화
이번에는 넘어지지 않고 테이프 내가 끊으리

운동장에 펄럭이는 만국기
운동회를 알리고
우리 모두 들뜨게 한다

이생각 저생각 뒤척이는 잠자리
왜 이리 아침은 더디 오는지

괜스레 운동화 꺼내보고
양말 가지런히 놓고
다시 누워 잠을 청해본다

아버지 그리워

상판 위에 가지런히 놓여진 하얀 물김치에 막걸리

아버지 얼굴이 보인다

아버지 기일이 오늘이던가?

연탄가스 마신 날 보시기에 담겨진

하얀 물김치 많이 마셨다

병원은 저 멀리 아버지 등에 업힌 채

밤을 뚫으며 달린다

참기름이 어데 있던가?

생달걀에 하얀 쌀밥 비빔밥에 막걸리 한잔

아버지 그리워

하시던 그 모습 따라한다

도넛

도넛의 달콤함 흐느낌을 먹고
마음 빈 공간을 채운다

도넛의 부드러움 그리움이 되어
라스베리 크림 모카 크림으로
내 깊은 속에 자리한다

하늘로 향한 그대는
도넛의 달콤함과 부드러움을 남긴 채
마음대로 움직이며 날으며
사랑하는 가족 안에 자리하리

눈물 없는 흐느낌 도넛 한 입 두 입 가는 그곳에
꺼억 꺼억 메마른 소리되어
가슴 흔들고 마음 흔들고
마음 빈 공간을 꽉 채운다

하얀 면사포

곱게 올린 머리
눈부신 하얀 면사포
바람이 시샘했나?

불협화음 라퀴엠
록 밴드 혼란스러움
진달래꽃 뿌려야 하나?

따뜻한 봄 내음
내 님 언제 돌아오나
숨결이 바람을 불러온다

아이비 넝쿨

한겨울 아이비 넝쿨
철망 넘어 무서움 넘어
님을 찾아 큰 나무 지나
희망으로 쭉쭉 올라가네

온 몸이 뛰는 설레임
올라 올라 하늘 닿아
구름다리 누가 치웠던가
풍향계 소리 되어 님을 그리네

그녀

구름 내려앉는
습하고 뿌연 언저리

갈라진 틈바구니
축축한 낙엽 사이로
살며시 고개 든다

한 줄기 햇빛
고요 흔드는 참새
꽃봉우리 맺혀진다

기적이라 했던가
기쁨이라 했던가
하늘 향해 터트리는 그녀

봄

숨죽이며 기다리는

흙덩어리 아우성

하늘을 찌른다

살랑살랑

부슬부슬

쫘아악

트인 숨에

파란 쪽도리

봄이 기다린다

어디로 가야하나

혼돈의 몸부림

뜨겁고 차갑고 죽고 살고

어디로 가야하나

빛나는 세상 향해 넘어오는 자

내가 먼저다 막는 자

백신에 갈급한 자

주사바늘 피하는 자

어디로 가야하나

펼쳐지는 시간

어디쯤엔가
내가 서 있다

마음에 날개 달아
생각에 생각을 뒤쫓아

한 손에 기타
한 손에 도자기

되돌아보지 말자
새로이 화음 맞추며
원하는 모양 빚어보자

빛바랜 하얀드레스

축복을 담아내는 얼굴들
하이얀 웨딩드레스 안에 가득하다
하늘을 잇는 그 긴 디딤대
보금자리 시작된다

하루에 스물네 시간
해야 할 일 넘쳐 흐른다
시간을 더해야겠다

식탁은 간단하다 밥 국 김치
서로의 얼굴 숨바꼭질하는가
하이얀 웨딩드레스 빛이 바래간다

그대 와 나

빛으로 다가오는 그대
어둠이 서둘러 물러가고
부푼 꿈 사랑이 채운다

기쁨 눈물 범벅되어
들러리 옆에 서고
내 손 잡아주는 그대

감싸여진 축복 속에
한 쌍의 원앙새 되어
부푼 꿈 사랑이 채운다

오늘이 며칠이던가?

시작이다

담담하다.

한바탕의 밀물과 썰물이 쓸고 간 그 흔적도

세월 앞에 장사 없다

희망, 기쁨, 설렘이 방패막이 되어

버젓이 모습을 드러낸다

퇴진하는 친구들, 전진 하는 친구들

정리가 된 거 같다

단아한 드레스 시작하는 키스

그 둘의 행복이다

거스 (Gus) *

말없이 응시하는

그 무언가 원하는 애절한 눈빛

그 눈빛으로 내 머리는

조금 조금씩 가라앉는다

안으로 깊숙이

꾸겨 파고드는 그 하얀 얼굴

자신과 내가 하나되었다는 그 만족의 기쁨으로

세상의 모든 시끄러움 잊어버린 채

차분히 같이 눕는다

*애완견이 생을 마쳤다 (2009. 07. 15 – 2018. 12. 29)

희망의 싹

아이들 하나씩 앞으로 나와 이름을 쓰라한다

글씨가 그림이 되어 칠판에 꽉 차 보인다

파랑색으로 빨강색으로 초록색으로

움직이며 날아다닌다

집중을 못하고 왔다 갔다

보조교사 잽싸게 같이 앉는다

부모님과 상담한다 했더니 얼굴이 심각해진다

한국을 사랑하는 어르신이 있기에

그 손을 잡고 오는 희망이 있기에

열정이 목소리에 사랑을 담는다

세상이 보인다 희망의 싹이 보인다

우리의 자부심이다

비행기 대합실

시끄럽다, 다양하다, 그리고 자유롭다

보라색 뒤가 터진 옷을 입은 중년 여인
머리도 보라색이다

휠체어를 타고 급히 가는 남정네
어떤 만남이 있기에
양옆 위아래 아랑곳하지 않고
웃음을 가득 실었는가

비행기 대합실 안은 천차만별이다.

2장 고개 드는 나

주름의 자유

흘러간 세월 웃음과 눈물로 엮여져
얼굴에 흔적을 남긴다

색깔들의 향연 운동 글쓰기 장구 여행
달력에 흔적을 남긴다

한시름 덜어낸 주름의 자유

육아의 무게에서
자식 혼사의 긴장감에서
커리어(career) 씨름에서

한껏 안은 자유의 향취 막힘이 없다

확 신

그 분의 목소리 그 분의 이끌림

확신으로 함께하며 들려진다

쓰러지며 넘어지는 혼돈의 통로에서

포용하라 화해하라 용서하라

세월을 넘어 변화된 삶으로

확신을 붙들고 일어선다

그가 내 안에

내가 그 안에 있음을

오늘의 하루

'날이 밝았다, 골프 치러 가자'
친구 카톡 대문에 볼드(bold)로 적혀있다
얼마나 골프치기를 열망하였으면
날이 밝기를 이리 기다렸을까?

지금의 나에게
고대하며 기다리는 것은 무엇인가?

겸허한 마음으로 시간을 나열해본다
무엇이 우선이고 무엇을 해야하며
나는 어디에 있는지

오늘의 하루
기대할 수 없는 내일

111119

내리막길 불편해 하지 않고

망설임 없이 멈춤 없이

그대로 내린다

살아온 연륜에 자신이 있다는 건지

세상이 조금은 보인단 건지

자신을 그대로 쭉 쭉 내린다

꼬부라진 동행자도 같이 한다

이렇다고 끼워주고 저렇다고 빼놓을 수가

숨의 여유를 가지고

꼬부랑과 함께 쭉 내린다

여정

솜구름 한가로이 흐르고 강과 산 따라 움직인다

비행기 아랑곳하지 않고 재빠르게 헤쳐간다

사각을 이룬 집 나선형 모양 미로

잔잔한 파란 바닷물

찰나의 거품에 모든 게 사라진다

가까스로 지금까지 왔다

내가 필요하단다

단풍잎

인간과 이웃하며 자기 뜻에 상관없이
힘없이 땅에 떨어진다

엉키고 설키고 포개지며 인간 세계에
하늘 높이 쌓여져
그 다음 목적지가 어디인지

바람이 데려갈지 부지런한 아줌마 데려갈지
아니면 존재도 없이 재만 남아 땅에 도로 묻힐지

눈에 밟히는 몇개 집어 온다
특별한 행운으로 뽑혀 왔다 할까
사랑하는 이들 남기고 혼자 떠나니 슬프다 할까

빨갛고 노란 단풍잎 혼란으로 몸체가 쩍 갈라진다

그대와 우리

빨간 카펫 되기만을 고집하지 않겠네
부숭부숭 우리가 쌓여 그대 위에 놓이면 어떻겠는가?

어둠이 깨뜨려지고 줄행랑치는
우리는 그대의 웃음을 보았다네
지난밤 비에 질척거리는 우리가 되었지만
끈끈한 액이 되어 그대를 기다렸지

햇빛 바람과 함께 그대를 또 맞았네 외로움과 허전함
짜증남과 우울함 달래는 찌브드윽 철거더억
우리는 그대가 황홀해 하는 모습을 보았다네

떠나야 할 때가 되었네 머리를 들어 보게나
숨을 한번 크게 쉬어 보게나 모든 거 내어주고
우뚝 서 있는 까맣고 앙상한 나무가지들

조금만 기다리게 초록 봉오리 되어 다시 찾아 오겠네

마지막 잎새

마지막 한 숨이 세상과의 마지막 이별이라면
희망의 마지막 붙들겠네

떨어지려 하는 그 자리에 새로운 한 잎되어 얽여지며
비아냥거림 무시하고 나는 거기에 달려있네

나를 보며 마지막 한 숨을 아끼는 자 세상을
끌어안으려 몸부림치는 자
나는 결코 땅에 떨어지지 않으리

얽여진 나의 한 잎 까만 색으로 변해버린 가지
그 안에서 피어날 새싹을 보네

천둥 먹구름 손짓하여 쫓아내며
새싹이 자라 꽃이 필 때까지 나는 여기 이렇게 있다네

겨울 나무

생채기 난 까만 몸체
아이비넝쿨이 만져주고 입혀주고
잔뜩 멋부린다

이대로 좋다는데
키를 넘어 계속 바쁜 아이비넝쿨

파란 몸체 되어 나는 보이지 않는다
내 자식들 잘 찾아올까?

'6육'

꽃케익에 꽂혀 있는 여섯 촛대

'6' 도 질세라 꽂혀진다

생일과 결혼기념일 초콜릿 케익에

합하니 '6육'

내일은 어떠냐 물으니

대책이 없다 한다

지금의 나면 되었다

시 향기

메마른 영혼에 위로의 물결이

시 향기로 밀려온다

초라해진 가슴에 포근한 깃털이

시 향기로 만져진다

유명세를 바라며 까불거리는 전신에

시 향기 소근소근 이제 되었다

취하고 취하여 시를 쓰고 향기 내며

영혼과 가슴에 담뿍 붓는다

보이는 시간

보인다

하얀 백지가

아무도 밟지 않은 끝이 없는 시간

굳이 되돌아보지 말자

새로이 그림 그리며 발자국 찍자꾸나

엉클어진 친구들 부산하게 따라온다

각자의 색깔로 각자의 취향으로

그리며 찍으며 여유롭다

회색 구름

까맣게 변한 나무 사이로 흔들리며 내리는 하얀 가루
자동차들 올려보며 움직이질 못하는데
하얀 가루 소리없이 쌓인다

무슨 일인가 궁금하여
하늘이라 부르는 곳까지 쭉 올라가 보지만
시작점이 있을 법한데 보이질 않는다

이것이 기도의 응답이던가
허덕이는 자에게 뿌리는 떡가루인가

회색 구름 오늘도 바쁘다
찾아가야 할 곳 뿌려져야 할 곳
기대하며 준비하는 그대들 위에

포근함

생일과 결혼기념일이 나란히 간다
성을 바꾸었고 새로 태어났다
남편의 아내로

새해 신년
한번 도전해 볼 만하다

포근함과 더불어 사랑 나누고
기쁨으로 너의 기쁨이 배로 늘어나길

슬픔이 생일과 결혼기념일에 초대되어
기쁨되어 사랑을 더한다

딸과 며느리

페이스북 그 넓은 공간
서로의 주장을 펼쳐내기에 바쁘다
막히는 것 없고 걸러지는 것 없다

친구로 시작한 며느리가 딸을 친구에서 삭제한다
딸의 붓 끝 천둥 우뢰로 변한다
아들의 창 끝 딸에게 향한다 며느리와 딸이 갈라진다

'어렸을 때는 그러지 않았는데' 하는 딸
'내가 사랑하는 자를 왜 사랑하지 못하느냐' 는 아들
며느리보다 서슬이 푸르다
무겁고 답답한 마음 뒤로하고 부엌으로 향한다

배가 고프다 어제 남은 바비큐 김치에
고춧가루 찐하게 풀어 쎄게 한번 먹어보자

가족

독거노인이 생각난다

부모형제 없는 내 이웃이 생각난다

서로에게 불을 내는 굳은 얼굴도 생각 난다

자유롭게 들어오는 자

밖에서 눈치보며 서성거리는 자

양손을 벌려 모두 안으며 가족이라 이름한다

점점 불어나는 내 가족

색깔 모양 크고 작음에 상관없이

웃음과 편안함이 있다

돌봄과 사랑과 쉼이 있다

별 하나

네 앞에 찍혀진 무수한 발자국 따라가는 것이
순탄할진데 굳이 새로운 길 노래하는구나

손과 몸으로 자국 만들고 자갈 모래 함께 넣어
혼과 영의 뜨거운 열 덮으며

푯말이 붙여지고 노란 테이프 둘러치고
어수선해지는 주위의 시끄러움
너는 아랑곳하지 않고 분명히 네 선을 긋는다

세상의 편견과 질시 가려진 열림과 열정이 문을 여니

딸아 저편에 있는 깜깜한 하늘 보이는가
마음 졸이며 내려오고 있는 별 하나
밝아오는 해와 함께 너를 기다리누나

딸에게

세상이 다듬어 놓은 어떤 틀에

그리 맞추려 애쓰지 않아도 된다

돌아간다 하여 움푹진푹 빠지며 헤맨다 하여

눈물로 가슴이 터지는 매 순간이

하늘 높이 쌓였다 한들 뭐 그리 대수겠느냐?

너무 이기심을 가진 너라고

손가락을 위아래로 치켜들며

화산같은 불을 뿜고 꽁꽁 얼어 붙은 얼음으로

네 얼굴을 후비더라도

세상이 만들어 놓은 수많은 논리에 개의치 말고

가슴이 이야기하고 너의 심장이 너를 이끄는 대로

행복하게 웃음 지으며 똑바로 너를 잃지 말고

딸아 네가 소멸될 때까지 너를 온전히 보듬고

새롭게 만들어지는 그곳에 너를 심어 보거라

묻혀 있는 나

나는 묻혀 있다
일하면서 거름 주고 밥을 지으며 내일을 만든다

혼돈과 무질서의 연속
내가 있지만 내가 아니고 하루하루 열심을 내지만
보이는 것은 없다

시간들은 차곡차곡 쌓여
그날의 시간에 오늘의 시간이 덧입혀진다

묻혀진 시간이 고개 내밀려 요리조리 살핀다
뜻밖에 들리는 꿈틀거림의 떨림의 소리

묻혀 있는 그 흙 위로
아 파란 무언가가 보이기 시작한다

흩어진다

열정과 열심으로 범벅된
땀과 인내를 쥐고

가파른 길에 더 힘을 주고 오르막길에 숨 고르며
정상이 있기나 한 건지

하늘과 땅에 숨 쉬는 생명체

하늘거리는 하늘 솜구름 사이로
빼꼼히 내미는 불타는 우주의 요란함

놓아 버린다 자유롭게 흩어진다

고개 드는 나

샌프란시스코 SFTS
따뜻한 손 여기 저기서 내민다

다양한 문화 시끄러운 스타일
슬프고 우울한 외로움
다 같이 벗하자 찾아오는데
두손 들어 환영한다

한차례 그려진 혼돈의 미로
녹아지며 재창조되는 아름다움에
고개 든 나 창조자 보며 나만의 독특함 본다

가슴이 훈훈하다
미소가 돌기 시작한다

코로나 바이러스

새싹 꿈틀거리며
초록 봉오리 금방 터질 듯
봄비에 채비하는 봄이 오고 있다

봄을 기다리는 검은 나무
고개 내민 빨강 봉오리 공사장 오렌지 표지판
모두가 차례를 기다린다

코로나 바이러스
갑자기 오렌지 빨간 옷 입더니
표지판 주위 아랑곳하지 않고
순서 기다리는 봄 밀치고

방방곡곡 활개치며 외치며
격리하라 방콕하라 내 가는 길 막지 마라

핑크 봉오리

가슴에 멍든 자국에
온 몸이 까맣게 변했다

일렁이며 깨우는 바람의 손길에
방긋 웃는 햇빛의 그 따스 함에
멍든 자국들 부시시 일어나
요리조리 몸을 비튼다

금방 터질 것 같은
딴딴한 핑크 봉오리

아
봄이 왔구나

3장 사진과 함께
나의 통곡

왕 따

따돌림에 고립에 왕따였다

엑셀 포물라를 헝클고

숫자를 어지럽게 만들고

고개만 계속 갸우뚱 갸우뚱

코웃음 아랑곳하지 않고

밤을 새워 풀려하지만

끝과 끝이 다른 시작의 두 길은

평행선을 달리며 자유롭다

틀림없는 왕따였다

기다림

비단 구두 사러 서울 간다 했던가

몇번인가를 몇번의 이유로

아이들 아빠는 집을 나섰다

비 온 후의 잔칫날 참새들 까지 불려지는데

거위 오리 할거 없이 하나되어

우리세상 만들어 보자 왁자지껄

길거리 나서는 우릴 보고 사람들이 피해간다

버섯 꽃

흙탕물에 연꽃이 자리하고 보살님 오락가락
몸통으로 일구운 버섯 꽃 우산 넓혀 한 세상 만든다

조깅하는 인간 고목이 어떻고 흙탕물이 어떻고
그곳에 뒹구는 오리는 어떠냐고

흙탕물을 사랑으로 덮는 연꽃
팔다리 잘려진 고목에 피는 버섯 꽃

꽃들의 향연이다

나의 통곡

마실을 가지 않았어야 했다

꼭 그렇게 집을 비웠어야 했던가?

몸에 구멍이 나 있었는데 완강히 괜찮다는 말에

차일 피일 미루며 오늘까지 왔다

그 밤에 무섭게 휘몰아치던 바람

천둥을 동반하고 번개까지 거들며

무엇에 그렇게 화가 났던가

거의 모두가 쓰러졌다

뼈만 앙상했던 어머님도

결국에는

까만 하늘에 천둥 우뢰 동반한 바람

안간힘을 쓰지만

결국에는 넘어져야 했다

끈끈히 잡았던 자식들

조금만 기다려라 곰방 갔다 오겠다

내 자식들 돌보아야 한다

정작 그 바람 앞에서는 아무 자식도 없었다

나만의 악착으로는 그 끈끈함을 대신 할 수 없었다

나는 넘어져야 했다 결국에는 넘어졌다

자유

넓고 넓은 파란 잔디에
혼자 마냥 뒹굴고 있는 자유의 극치

피땀과 얼룩으로 햇수를 채우며
일년 삼백육십오일 최대치로 달리며
나만의 공간이 전혀 없었는데

백마일의 허리케인에 때가 왔음을 피부로 느끼며
미련없이 자신을 보인다

이만하면 족하다 덩그렁 고고함을 자랑한다

부스러지고 바스러지는

뜨겁게 내려 쬐는 햇빛에
내 안에 세포들 겁없이 올라온다

바람과 함께 들이키는 물 갈증은 해소되고
내 안에 신경들 아름답게 피어 오른다
때가 다 되었다는 건가
나를 싸고 있는 몸통이 부스러지고 바스러지고
새로운 항아리 몸통 되어 다시 우리를 에워싼다

친구들 들어오시게나
포근하다 따뜻하다 행복하다

할 텐데

먼저 떨어진다

조금 있으면 색깔 좋은 친구들이

하나 둘 내려올 것이다

코로나 데모 거짓말하는 지도자들

그들의 입김에 바싹 바짝 마른다

밟히고 뭉그러지고 이리 저리 쏠리고 흔들리고

나에게 무게가 없음을 알게 된다

앞으로 내려올 친구들 위해 뭘 준비해야 할 텐데

아프지 않게 뭘 깔아야 할 텐데

내려 온 것에 행복해야 할 텐데

분열

욕심이 질투를 낳고 질투가 분열을 낳고

분열이 하루를 망쳐버린다

빨강과 파랑이 시끄럽다

서로를 잡아먹고 먹히는 우울증까지 불러온다

판단력이 흐려지고 울음이 나오기 시작한다

이곳을 떠나야 하는가

한 방울

정의를 외치며 약탈과 수류탄으로

증오 미움 질시를 팔레트에 혼합한다

평등을 외치며 슬픔 아픔 외로움

날실과 씨실 만들어 베틀에 피륙을 짜본다

마늘 찧는 통 어데 있지?

허세, 거짓말, 자만심을 놓고 빡빡 꽝꽝 내려친다

어느 것 하나 잘 나온 게 없다

어데선가 떨어지는 한 방울

거위 지혜 구름

땅과 물위에 살고 있지만

우리 어르신은 하늘의 거위 지혜 구름

하늘과 땅을 함께 즐기는 자

하늘과 땅의 공간을 가진 자

우리의 특권이다

일렬로 강가 따라가며

거위 지혜 구름 따라가며

다음 순서 인간을 생각해본다

잎들의 이야기 (The Leaves' Tales)

가을 단풍이 아름답게 물든 날

왜 나는 이리 우중충하냐고

옆에 있는 노랗고 빨갛고 황금빛 보이지 않느냐고

마른잎 누런색으로 하늘을 향해 불평이다

조상님 땅에 떨어지는 낙엽들 보라 한다

어차피 사람들 발길에 채이고

샘내는 바람에 어쩔 수 없이 밀리다 보면

우리 모두 똑같이 된다고

가을 겨울 지나면

나에게도 파릇파릇 봉오리가 맺힐 게다

생명이 아름다움을 입고 나를 세워주리라

벌의 노래

윙 윙 소리 푸른 창공에 둥글 둥글

꽃가루 흩날리며 향의 높고 낮음 걸쳐지며

벌의 노래 시작된다

목에 힘 가는 대로 입모양 삐쭉 삐쭉

성악가의 지시 힘을 빼라 하지만

벌의 노래 구름에 닿아 갖가지 모양으로 화답한다

창공에 가만히 고개내민 햇빛

서늘한 바람 강 산골짜기 흔들며

춤추며 노래하는 벌 등에 업혀 궁떡 궁떡

화살표

의심과 불안

쓰러지고 일어나며

반복되는 망설임과 지침에

화살표 창조된다

걸쳐진 옷들 벗은 후

보이기 시작하는 화살표

그래도 다행이다

따라가기만 하면 된다

풀루메리아 소원

(사진제공 Robert Chung)

금 화살 맞은 플루메리아

에로스 신 두 팔 벌려 진한 향기 뿜어낸다

노랗게 속살 피우는 하양의 극치

햇빛으로 광채 나는 고고함

오시는 내 님 반가이 맞으리

모든 친구 떠나간 이 자리

두근거리는 가슴 사랑의 묘약 되어

방울 방울 내 님과 살고 지고

산 노루

목숨을 걸었다

배고파 죽음의 길이었기에

친구 불러 위안 삼으며 인간 세계에 내려온다

처음 보는 세계 돌아다닐 만하다

코로나 바이러스에

잔뜩 긴장하기는 마찬가지다

내려오고 올라가고 서로를 아끼며

서로를 필요로 한다

영역

끝까지 지키기로 한다

인간의 발에 쉽게 뭉개지겠지만 포기하지 않는다

허세가 없으면 좋겠다

자랑이 뭐 대수기에 야단을 하는지

가졌으면 얼마를 가졌고

욕심이 다하면 목구멍에 걸릴 텐데

구름 타고 갈 땐 모든 걸 놓아야 할 텐데

몇명이 우리의 영역에 들어온다

온화한 순한 마음에 하얗고 연한 우리의 모양같이

날개짓 하며 가벼워진다 그래 잘 왔다!

나들이

거위타운 그랜드오프닝

강기슭 돌아 파랗고 한적한 곳

따스한 햇살 등지며 여유롭다

훌쩍 커버린 캐나디언 거위 떼를 지어 나들이하는데

멸시하는 눈초리에 한마디

네 들보 보라 빨강 파랑 진흙탕에 뒹굴며

밟히고 찢겨지고

거위타운 놀러오세요 참새의 노랫소리

다람쥐 춤추며 장구 치며

앞서거니 뒤서거니

불협화음

못살겠다 땅이 갈라져 흔들리고

불덩이 바위 사이로 밀려오는데

코로나 오르락 내리락 북적거리며 찾아오는 불청객

하얀 금박 입힌 새장에서 흘러나오는

나라 밖 시끌벅적 나도 뒤질세라 금속 하드락 튕기며

모든 소리 꾸겨 쑤셔 넣는다

넘쳐나는 불협화음 여섯 줄 충분치 않아

폭발직전 긴장감에 내 목소리 더하지만

아 이 소리도 아니지

미국 국기

자유가 보이고

보이지않는 억압이 보이고

흰색의 다민족이 보인다

파란색 안에 하얀색의 별들이

빨간색에 하얀 줄무늬

빨강 파랑 하양 미국 국기인가?

휘몰아치는 150마일 '로라'

고개 숙여 경의를 표한다

바스러진다

죽은 몸까지 기꺼이 내놓았다

염소를 먹이고 황소를 먹이고

우리 엄마 즐겁게 해주더니

나까지 행복하게 해주었다

붉게 물들어 가는 가을의 끝자락

천만가지 색깔로 물든 거리에

입이 귀에 걸린 호박 까불까불

뼈와 악녀 재주부리며 두둥실

덩달아 죽어가는 몸 전신주에 묶어본다

이별의 때가 왔다고 돌아올 하얀 눈 기다리며

오고 가는 자 손 내밀며 바스러진다

구애 (Courtship)

붉게 물들인 온 몸 뚝뚝 떨어뜨려 땅까지 붉다

수줍은 듯 흔들리며 머리에 얼굴에 입술에

널 사랑하는 거여

온갖 시끄런 소리 잠재우며

수백 년 지나는 찰나에 핏빛으로 변신한 몸

널 사랑하는 거여

긍게 니가 날 사랑하는 거여?

넝쿨의 자유

내 있는 곳 너머 담벽 지나 들리는 소리
귀 쫑긋 가서 보고싶다

땅의 기운 아래서 쭈우욱
하늘의 기운 바람에서 사알랑
크고 작은 모양들 천파만파
어딘가 향해 질주하는 불빛

눈에 띄는 친구 손 흔들어 아는 체 하는데
어떻게 지내냐 물으니 걱정 말라 건강하다

따스한 봄기운 내 안에 스미어 올 때
나도 한번 올라가겠다고
소음 없는 그곳 내 마지막 정리하고 싶다고

4 장 사랑의 기쁨

낙엽의 마지막

파아란 색으로 희망을 보여주었고

화려한 색깔의 잎새 되어 세상을 밝혔다

하늘과 땅 사이에서 내 본분 다하며

나를 바라보는 이로 행복했다

이제는 가야할 때라고 길거리에 내 몸을 눕힌다

갈색의 누런 색의 말라빠진 잎새 되어

재가 되어 환생할 건지

땅에 묻혀 다음세대에 합할건지

바람 부는 대로 집시 되어 떠돌건지

축축하게 쌓여진 내 몸 위로

따스한 햇빛

잘 가라 인사한다

인생여정

바람이 내 몸을 밀고 간다 나의 의지와 상관없이

바람이 잠깐 쉰다 어딘지 모르는 채 나도 쉰다

정처없이 바람 따라 가는 사이

바람도 어찌할 수 없는 막다른 길목에서

잠깐 돌아본다 나 혼자 무슨 일을 할 수 있었는가?

혼자 살아갈 수 없는 인생여정

바람으로 인하여 홈리스와 함께했고

우는 이의 눈물 닦아주었으며

쌓여 밟힘으로 포근함 선물했다

바람을 거슬러 혼자 가길 원했는가?

더불어 가는 인생여정

네가 있었기에 많은 이 만날 수 있었고

함께 했기에 외롭지 않았다

종친회

모두 모였다

가을에는 많은 논쟁이 있다

왜 나는 아직까지 파란색이냐고

아름다운 색깔로 치장할 수 없냐고

봄에는 모두가 행복하다

자식이 생기어 파릇파릇 한결같이 파랗다

지나가는 다람쥐 토끼 크고 작은 새

쩍쩍하며 올라가고 내려가며 노래한다

겨울의 하얀 눈 모두의 입을 닫게 한다

골고루 덮어주는 하얀 눈

종친 회장

파란색에게 봄을 기다리라고

치장한 잎새에게 겨울이 곧 온다고

햇빛

환한 빛 내려와 나를 휘감는다
내가 하늘로 올라가는지
내가 햇빛으로 탈바꿈 되는지
햇빛과 내가 하나되었다

지나는 곳마다 어둠이 환해지고
악한 것 모두 나와 무릎 꿇는다
따뜻함이 어루만진다

밝음이 먼데를 보게 한다
나의 길이 보이고
나를 찾는 이가 보인다

햇빛과 나는 하나이다

공존

양옆으로 열병해 있는 나무들
그들이 따라오며 손을 흔들어 환호한다

이곳에 산 지가 이백 년 되었다고
세월이 왜 이리 빨리 지나는지 모르겠다고
하늘은 뻥 뚫려 몇 천년 더 올라갈 수 있는데
친구 다칠까봐 옆으로는 가지 않는다고

내 이름은 휘황찬란
뒤에 있는 친구 질시하지만 상관없다고
어차피 겨울이 오면 우리 모두는 하얗게 변하기에
질시와 평화가 공존하는 곳이라고

숲이 들려주는 이야기
나를 소개하며 반갑다고
공존하는 숲에 경의를 표한다

사랑의 기쁨

붉은 잎 하늘 향해 살을 헤집는 핏빛으로

천만가지 색깔 되어 쌓입니다

딴딴한 잎자루 눈부신 노란 몸으로

모진 세월 밝히며 여기 있습니다

바람이 흔들고 비가 내려치고

정처없이 내려앉는 나의 마음에

그대 발걸음 잠깐 멈췄습니다

아, 그대

이제 떠날 수 있습니다

속삭임

가을 하늘 뻥 뚫렸다

까마귀 끝까지 올라가다 도중에 내려온다

아름답게 옷 입고 손짓하는 단풍

향기에 끌려 펄럭이는 부드러움에 취해

까악 까악 살포시 내려 앉는다

앞 뒤 옆 옆 뻥 뚫렸다 지루함에 페달 한번 꽈악

까마귀 자리 손짓하는 구름 올라갈 때가 된 건가?

갑자기 들려오는 자동차 소리

정신차려 핸들 돌려 주위를 본다

몸을 태우고 생각을 물들이는 단풍

까마귀까지 반기며 속삭인다

주위를 살펴보라고

아직은 있어야 할 때라고

노란 버스

빗속에 노란 버스
떨어지는 빗방울 몸으로 막으며
찬란한 미래 반기어 맞는다

너가 들어가고 내가 내리고
오르고 내림에 억만년 역사
지나는 차 멈추어 경의 표하고
파란 하늘 활짝 열려
노란 버스 무지개 맞는다

밝게 빛나는 미래
하늘과 땅이 들썩들썩
노란 버스 붕붕 부르릉

화살표 당부

미끄러운 벼랑길 가장자리에서
비틀거리는 자 한숨 쉬는 자
업어 태워 밀며 오늘에 왔다

이제는 쉬어야 할 때라고
이제는 네 알아서 갈 수 있다고
이제는 네 혼자 충분히 할 수 있다고

희미해지는 화살표
꼬부라진 길 조심하라
편안한 길 욕심내지 마라
네 안에 내가 있다

사랑의 노래

하늘 향한 고고한 자태

붉게 물들어 님을 찾아 내려오는가

혼이 스며들어 님의 소리 들리는가

보고픈 마음

쌓이고 덮이고 밟혀져

붉게 노랗게 샛노랗게

소리 되어 빛 되어 눈부신 잎새 되어

기다림의 끝에서 당신을 부릅니다

치유

하늘과 땅에 빨갛고 노랗게 입혀진 잎

말라가며 떨어져 구석진 거리에

무심히 쌓인다

우중충한 날씨

눈이 눈치보며 내려오고

비가 비실비실 손뼉 치며 합세한다

바람이 질시하여 흩트려 하는데

우리는 이렇게 밖의 세상 즐기고 있다

오늘이 있음을 왜 몰랐던가

다른 세상이 있음을 왜 몰랐던가

잎새는 나무에만 달려야 했는가?

누구의 손에 이끌려 어느 곳에 간다 한들

오늘의 놀라운 사실 잊지 않으리

나의 마지막 이만하면 족하다

상처

발자국 따라 만들어진 상처

긁히고 베이며 파여져

움 돋아 꺾이고 꺾이며

추상화 그려진다

끝까지 가보리라

머리 질끈 옷 겹겹이

한번의 심호흡에 천지가 진동한다

훨훨

상처도 덩달아 훨훨

사랑

가을 하늘 뻥 뚫렸다

까마귀 여유롭고

단풍에 취한 참새

가까스로 꼭대기에 앉는다

몸을 태우는 단풍

힘껏 펼쳐 사랑이라 부르며

까마귀 참새 내려올 줄 모르누나

외로움에 텅 빈 가슴

단풍 친구 하나되어

사랑으로 쌓인다

뿜어내는 사랑

엉키 설키 채색된 이야기

하늘 향해 남김없이 뿜어내

검은 구름 삐집고 온 색깔이 쏟아진다

끊어지다 이어지고

이어지다 번지는 사랑의 고백

하늘 울림에 땅이 바르르

생명체 머리 들어 싹이 터지고

오늘을 창조하는

평행선에서 시작된 사랑

*수선이 완성되는 우주

*Perpendicular-두 직선이 직각으로 만날 때 수직인

직선

돌아간다

자전과 공전이 함께한다 했던가?

한쪽이 빠지면 어떻게 되지?

태초에 우리는 셋이었는데

잠깐 돌아가는 소리 잠재운다

어제 그랬고 오늘도 모르겠다

내일이 어른거리는데 모른 척한다

나만의 소리 듣고 싶다

그래서 어쩼다는 건가?

왈칵 울음이 나온다

쏟아진다

엄숙한 신랑 신부의 서약

증인들이 지켜보고 축하하고

둘 이름이 등록된다

긴장을 춤으로 풀고 춤으로 서로를 묶고

두꺼운 한 획을 긋는다

손을 휘젓고 몸을 흔들며

왼발 오른발 들었다 놓았다

무언가 쏟아진다

억눌림이 쏟아지고 불안이 쏟아지고

안에 있는 모든 것 쏟아진다

비어 있었다 생각되었는데

춤판에서 고해성사가 이루어진다

해님

정확히 그 자리에
지구가 도는 중에도
구름에 가리어도

추위에 해님을 그리워하던 겨울
뜨거워서 싫어하던 여름

죽 끓던 변덕이 녹아진다
팽팽한 욕심이 사그라진다

변함없이 내려 쬐는 사랑
내가 보인다
이웃이 보인다

바뀌어 간다

한자리에만 있다는 것
지루하고 따분하고
그렇지만 존중한다

대접을 하는 자와 받는 자
받는 자는 앉아 있고
하는 자는 서서 있고

어느 날인가 자리가 바뀌어가는 걸 느낀다
그렇다고 높고 낮음이 있다는 건 아니다
단지 그때 나는 서서 있었고
지금은 앉아 있다는 거

숫자가 더해가는 중이다

장미

머리 꼿꼿이 세워 아름답다 감탄하는 말에

어깨 으쓱 아름답게 피워낸다

누워있던 잡초 한마디

너무 사치스러워 밟혀 보았어?

폭풍우는 어땠고?

처음부터 다른 삶을 살았던 우리

땅을 떠나 누군가의 손에 이끌려

물속 화병에 나란히 꽂혀 있다

제일 멋있다 생각되어질 때 아래를 향하는 우리

서서히 말라가며 새로운 공간을 창조한다

물이 없는 화병 안에 나란히 모양을 내면서

가시로 인해 알게 모르게 상처 주었던 세월

어떻게 보상해야하나?

5장 산유 시인의 글 읽기

고유의 색깔과 찬란한 화음 – 최용완,
글샘터 명예회장, 시인 수필가

산유 시인은 글샘터 문학동우회의 모범작가이다.

산유 시인의 3편 시, '그대 와 나', '시작이다', '빛 바랜 하얀 드레스', 한편의 시로 읽어본다.

"빛으로 다가오는 그대 어둠이 서둘러 물러가고 부푼 꿈 사랑이 채운다. 기쁨 눈물 범벅 되어 들러리 옆에 서고 내 손 잡아주는 그대 감싸여진 축복 속에 한 쌍의 원앙새 되어 부푼 꿈 사랑이 채운다. 오늘이 며칠이던가? 담담하다. 한바탕의 밀물과 썰물이 쓸고 간 그 흔적도 세월 앞에 장사 없다. 희망, 기쁨, 설렘이 방패막이 되어 버젓이 모습을 드러낸다. 퇴진하는 친구들, 전진 하는 친구들 정리가 된 거 같다 단아한 드레스 시작하는 키스 그 둘의 행복이다. 축복을 담아내는 얼굴들 하얀 웨딩드레스 안에 가득하다. 하늘을 잇는 그 긴 디딤대 보금자리 시작된다. 하루에 스물네 시간 해야 할 일 넘쳐흐른다. 시간을 더 해야겠다. 식탁은 간단하다. 밥 국 김치 서로의 얼굴 숨바꼭질하는가 하얀 웨딩드레스 빛이 바래간다."

소녀시절 추억의 꿈에서 깨어난 중년 여인의 아침, 사랑의 기쁨, 미움의 슬픔, 환희와 통곡 사이에 산유님의 오늘 웃음은 내일의 희망이다.

흙에서 생명으로 새싹이 고개 들어 빛을 찾아 뚜벅뚜벅 걸어 나온다. 가정, 교실, 교회, 사회, 자연의 현실에서 영성, 감성, 지성을 겸비하여 작가의 균형을 찾아 창작의 열정을 보여준다. 시, 수필, 소설, 새로운 시대에 어울러 훌륭한 단어의 선택과 탁월한 문장과 행의 구성이 돋보이는 작품들을 감상하며 감사하는 마음 넘친다.

산유의 세계와 우주는 고유의 색깔과 찬란한 화음으로 독자들의 마음에 끝없이 메아리 울린다.

앞으로 많은 후학이 이어지기를 기대하고 <고개 드는 나-INTEGRITY>의 감동을 만끽하는 행운에 감사한다.

나뭇잎들의 대화 - 박휘원, 시인 소설가

'산유'라는 이름이 참 좋았다. '산' 과 '유' 두 글자 사이에서 산들바람이 불어나올 것만 같았다. 응달에 아직도 잔설이 남아있는 사철나무 빽빽한 이른 봄의 숲 냄새 같기도 하고, 낙엽이 수북이 쌓인 늦가을의 오솔길 냄새 같기도 한 향이 스며있는 것 같았다.

<가슴앓이> 시로 산유님을 처음 만났다. 김필연 시 <가을앓이>에 화답한 시는 '산유'라는 시인의 이름처럼 풋풋했다.

그대가 놓고 간 가을

낙엽 뒹구는 소리에

문 열어 봅니다

- - -

천 가지 만 가지 색깔로

휘몰아치는 가슴은

붉게 쌓입니다

우선 어떤 이의 시를 읽고 '문을 열고' 시로 화답하는 산유님의 마음이 아름답게 느껴졌고, 이런저런 일로 뒤숭숭하던 내 가슴에도 '천 가지 만 가지의 색깔'의 나뭇잎이 쌓여 있음을 알았다. 한 번도 만나본 적이 없는 분에게 나도 '문을 열고' 시를 통하여 마음으로 만날 수 있다는 것이 기뻤다.

산유님은 나무를 시의 소재로 자주 쓰는 것 같다. 나도 나무를 좋아하기에 산유님의 시가 더 친밀하게 마음에 와 닿았지 않았을까 싶다. 잎들이 모여 재잘 재잘 <종친회>도 하고 거기엔 까마귀, 토끼, 참새,

다람쥐 등, 나무에 깃들여 사는 모든 작은 생명들이 초대되어 마음대로 자유로이 드나들고 있다. 하지만 현실은 늘 그렇게 녹녹하지 않다. 때로는 나뭇등걸이 통째로 잘려지고, 길바닥에 내동댕이쳐지고, 나뭇잎들은 떨어져 밟히지만, <잎들의 이야기>는 이렇게 선포한다.

... 가을 겨울이 지나면
나에게도 파릇파릇 봉오리가 맺힐 게다
생명이 아름다움을 입고 나를 세워 주리라

이것은 나무가 시인에게 나누는 용기의 말이기도 하고, 시인 자신이 스스로에게 주는 격려이기도 할 것이다. <결국에는>에서 '까만 하늘에 천둥 우레 동반한 바람'에 '안간힘을 쓰지만 결국에는 넘어져야'했던 시인 자신에게, 또한 옆에서 힘들어 하는 이웃에게, 그리고 세상 모든 이에게, 나무는 희망의 외침을 던진다. 그리고 시인은 <부스러지고

바스러지는>과 <할 텐데>에서 '친구들 오시게나'하며 '뭘 준비해야 할 텐데, 아프지 않게 뭘 깔아야 할 텐데, 내려온 것이 행복해야 할 텐데'하며 포근하고 따듯한 초대와 배려의 말을 보낸다. 이렇게 나뭇잎들은 가장 일상적인 것에서부터 심오한 내면의 대화들을, 때로는 담담하게 때로는 간절하게 이어간다.

시집 전체를 통하여, 고개를 들어 창조자를 우러러 보는 시인 산유님의 경건하고 사랑이 넘치는 마음이 행간마다에서 느껴진다. 이런 시를 써주신 산유님께 축하와 감사를 드리며 앞으로의 변함없는 건필을 기원합니다.

현실이 숨쉬는 글 – 김정숙
@남부뉴저지통합한국학교 교장

이번에 출간하는 산유 시인의 시집 <고개 드는 나>
축사를 쓰게 되어 무한한 영광으로 생각한다.

평범한 사람들이 일상에서 다반사로 느끼는 소박한
감정과, 과거 기억 속의 풍경 과 계절 변화에 따른
감성을 잘 보여주고 있다. 시인은 역량이 많아 풍부한
감성과 간결하면서도 잘 응축된 시적 표현을 통하여
시인의 삶을 표현했다.

이 시집을 읽으면서 일상 속에 숨어있는 순박한
시인이 떠 올랐다. 이민생활을 하면서 아련한 추억을
회상하며 그리움에 잠겨보는 애틋함이 묻어 있었고,
<아버지 그리워> 에서 공감을 주는 따뜻한 감동이
있었다. 내적인 갈등 속에도 참고 견디는 인내심으로
삶의 현실을 그대로 전해주었고, 감성적인 글들로
지쳐있는 현대인들에게 위로와 격려를 주는 글이었다.
3장에서 사진과 함께 그려내는 삶의 여정은 계절을

통하여, 간결하고 분명하게 균형 잡힌 글로 조화롭게 적어 인상 깊었다.

남부뉴저지통합한국학교에서 만난 인연으로 알게 된 산유 레베카 김 시인의 시집에서 '용감한 반' 학생들을 가르칠 때의 모습이 시안에서 그대로 나타나 반가웠다. 용감한 교사에겐 용감한 학생들이 있다. 학생들에게 베푸는 노력과 열정이 그대로 보였다. 살아있는 현실이 숨쉬는 글이었다. 학생들의 예술적 감수성과 표현력을 키우고, 학교와 가정 등 일상생활에 시를 접하며, 정서 안정과 올바른 인성 함양에 도움을 준 산유 레베카 시인께 무한한 감사를 드린다.

좋은 시를 만나게 되어 행복한 시간이었고, 매사에 노력하고 성실한 삶을 사는 시인에게 큰 박수를 보낸다. 이번 시집 출간을 진심으로 축하한다.

깊은 통찰력 - 전동진, 담임목사
@체리힐장로교회 KAPC

<고개 드는 나> 첫 시집을 발간하게 됨을 진심으로 축하 드린다.

시인으로 등단하였다는 소식에 이어, 첫 시집을 발간한다는 소식... 놀라웠다.

산유 레베카 김 시인은 시성과 감성이 풍부할 뿐 아니라 참 많은 재능을 가진 재원이다. 문학에 조예가 있고 성악을 전공한 음악가, 신학을 공부한 신학자요 목사이다. 그래서인지 그의 시에는 예술적 감각과 지성과 영성, 사물과 인간에 대한 깊은 통찰력이 있다.

그의 시는 추상이나 관념적이지 않고 사실적이다. 시의 소재도 우리가 흔히 접할 수 있고 볼 수 있는 자연과 일상에서 일어나는 사건들을 표현 하기에, 읽기가 쉽고 구절 구절이 마음에 와 닿고 공감이 되는 시들이 많다.

산유의 시들을 음미하면 풍요로워진다. 특히 코로나로 인해 지치고 갈 한 심령이 가뭄에 단비가 내리듯, 새로운 삶의 용기와 활력을 찾게 해준다.

ABOUT THE AUTHOR

산유

Rebecca Braverman

선교목회학박사 @풀러 신학교

<문학 미디어> 시 등단

<미주크리스찬문학> 수필 신인상

저서-단편소설 < 순임 >

현재, 남부뉴저지통합한국학교 교사

협력 사역자- 레베카 김 목사 @체리힐 장로교회,

뉴저지

Made in the USA
Columbia, SC
31 May 2022